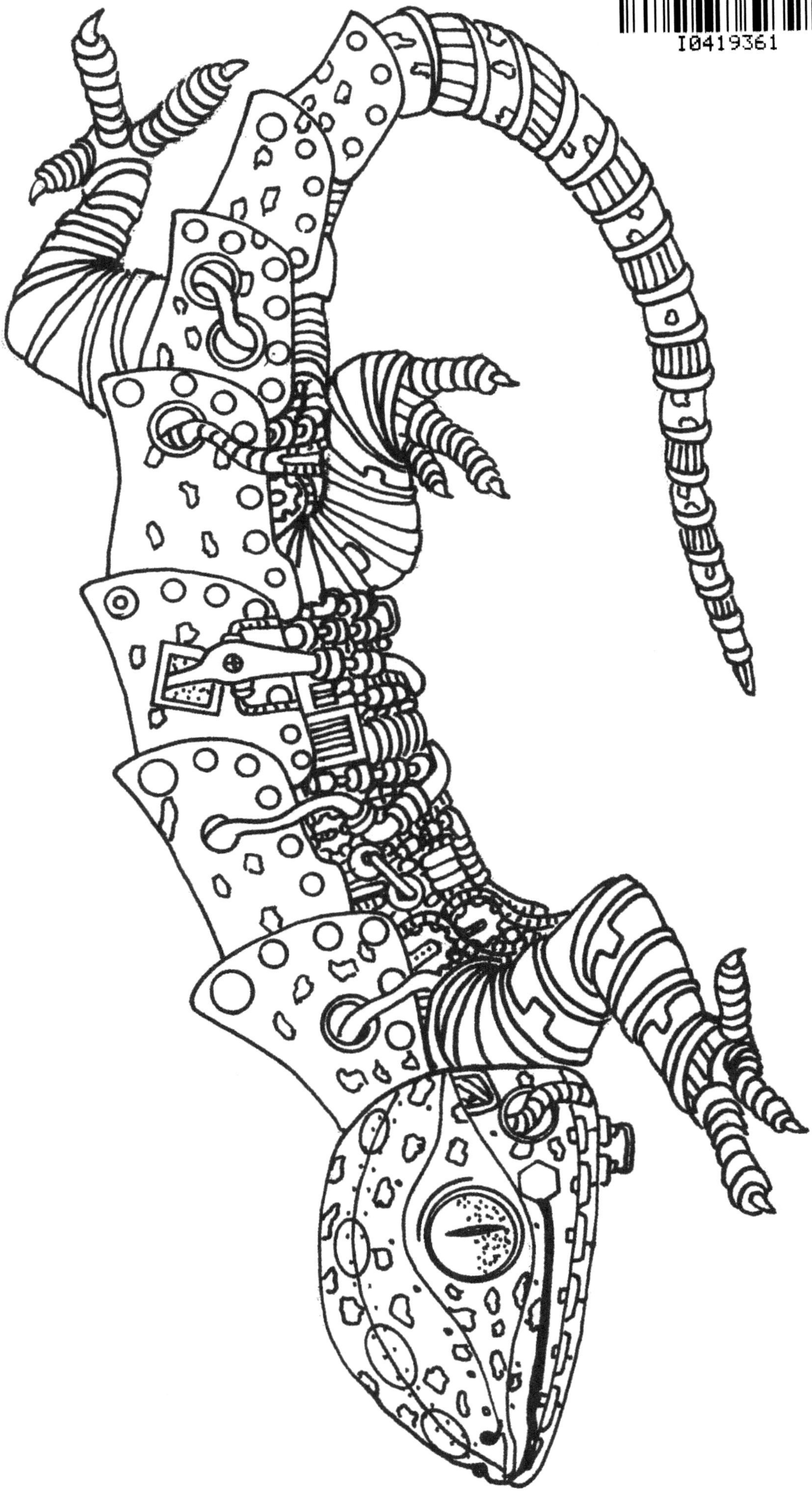

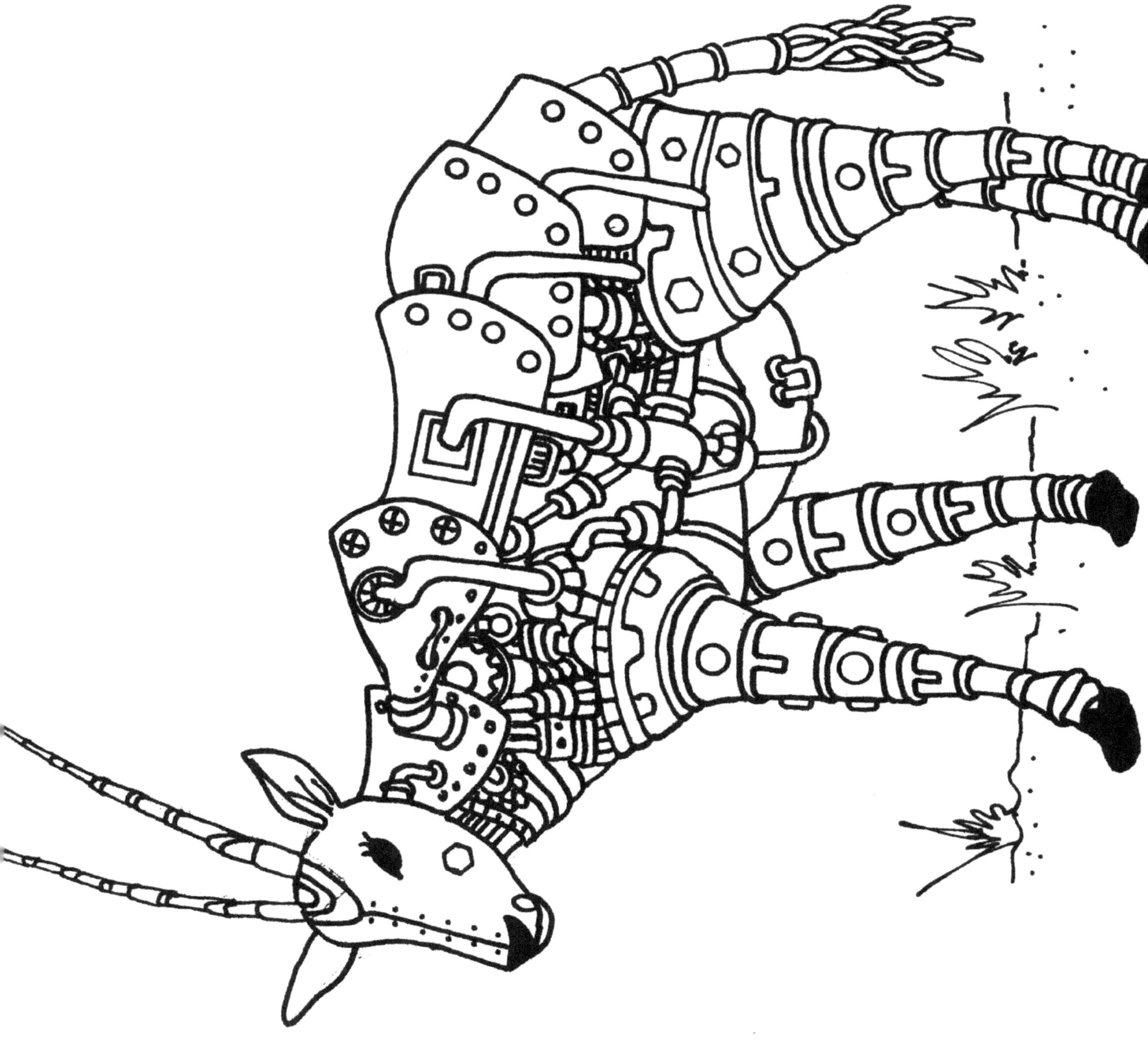

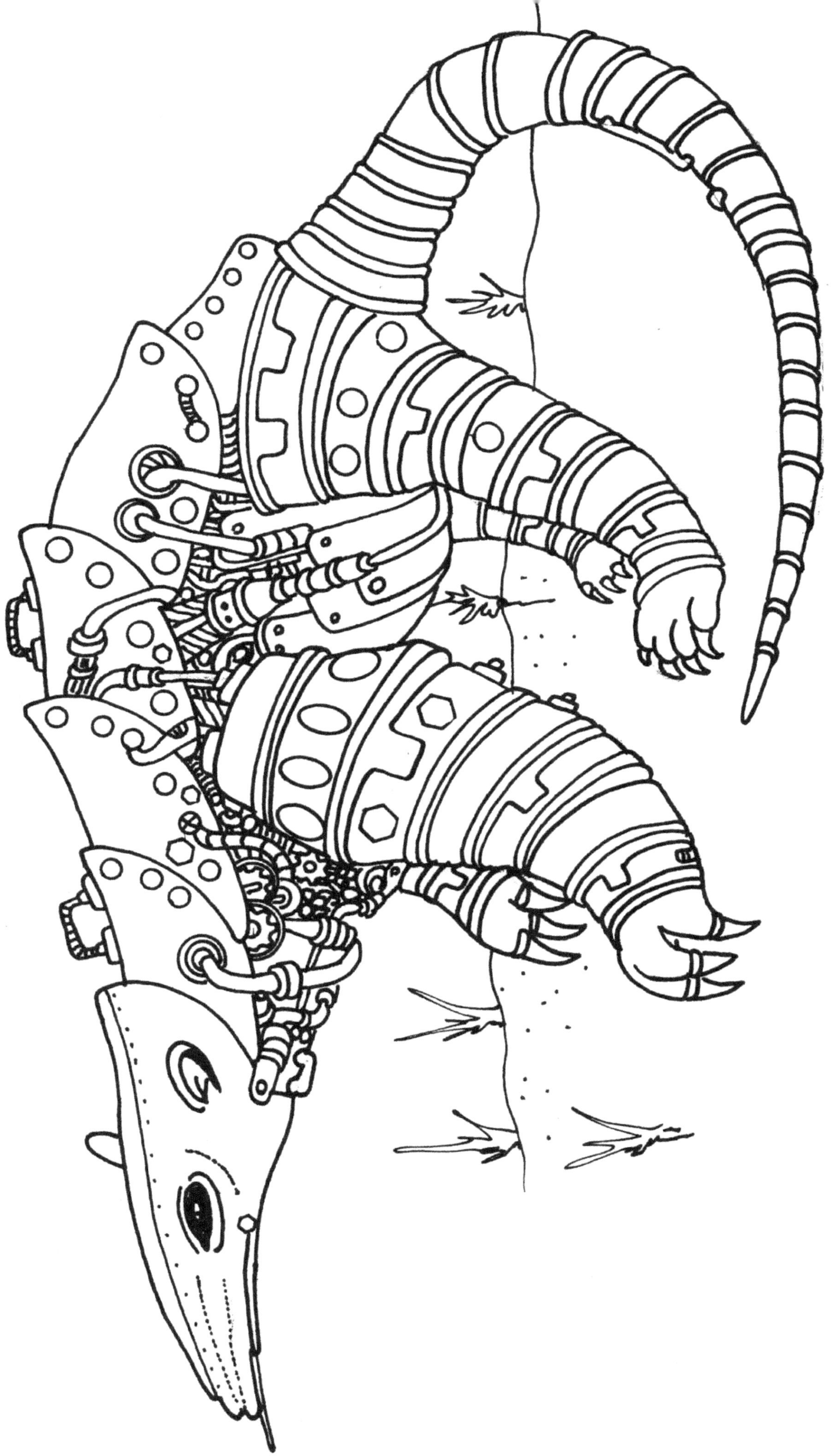

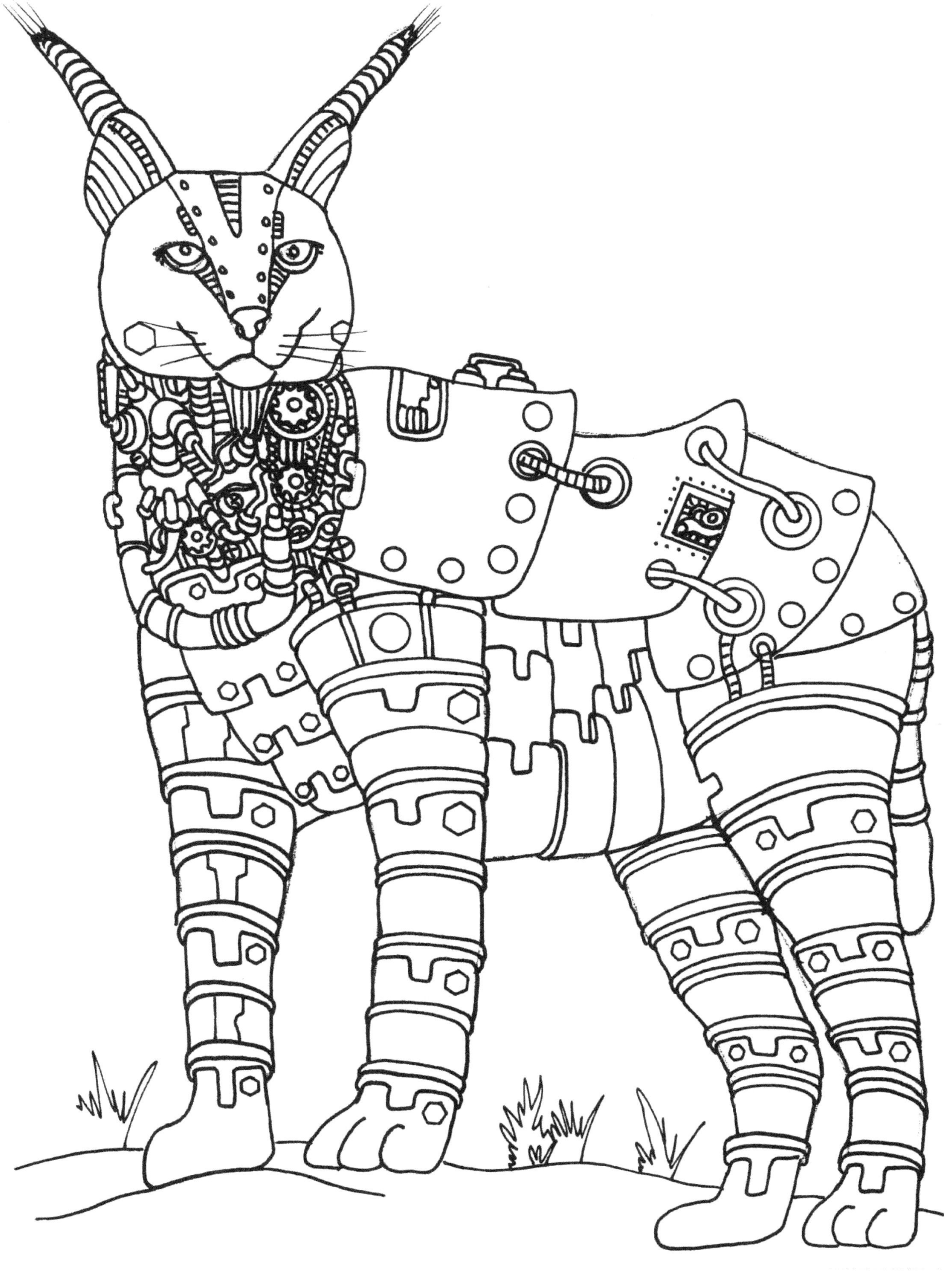

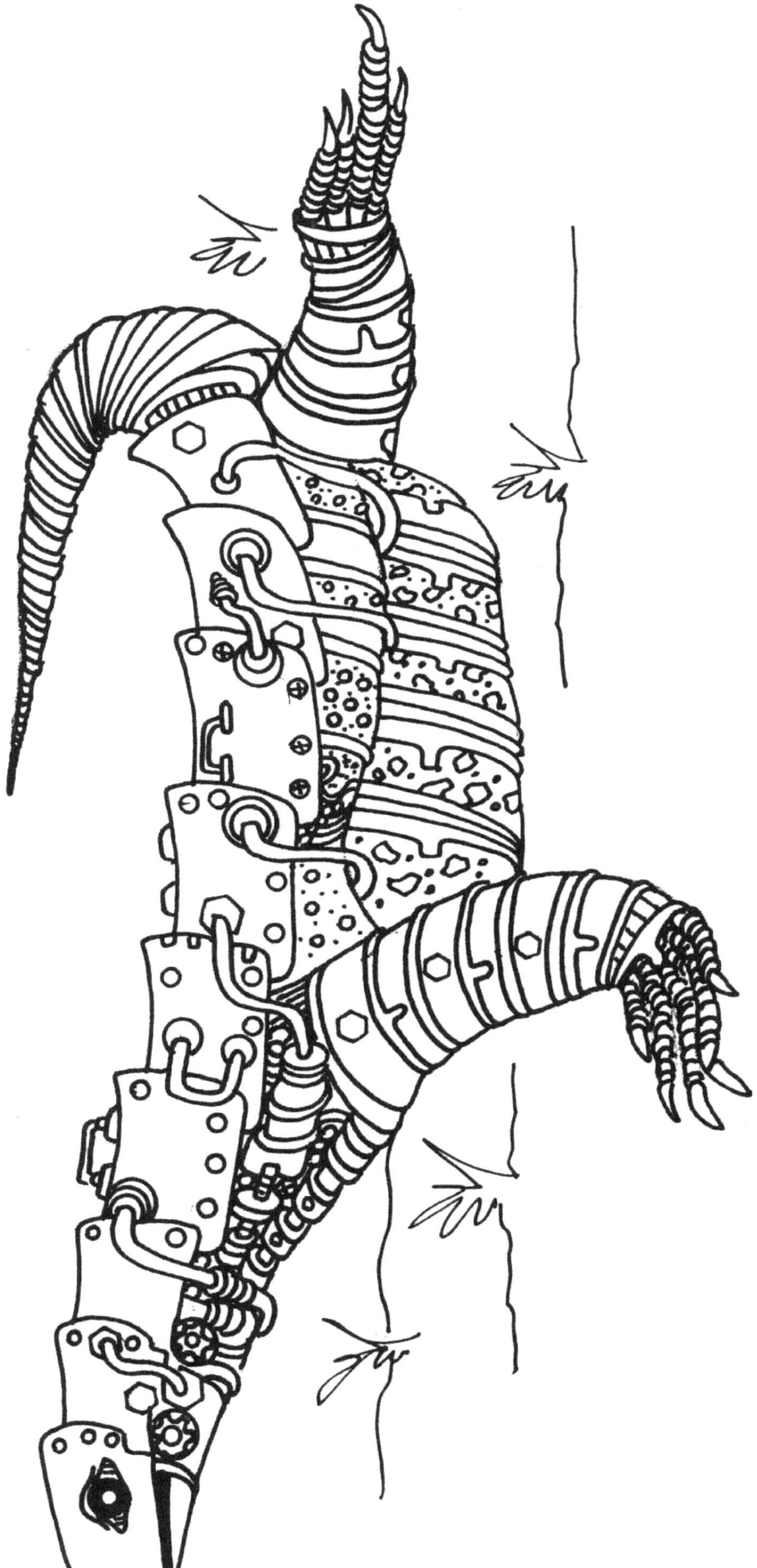

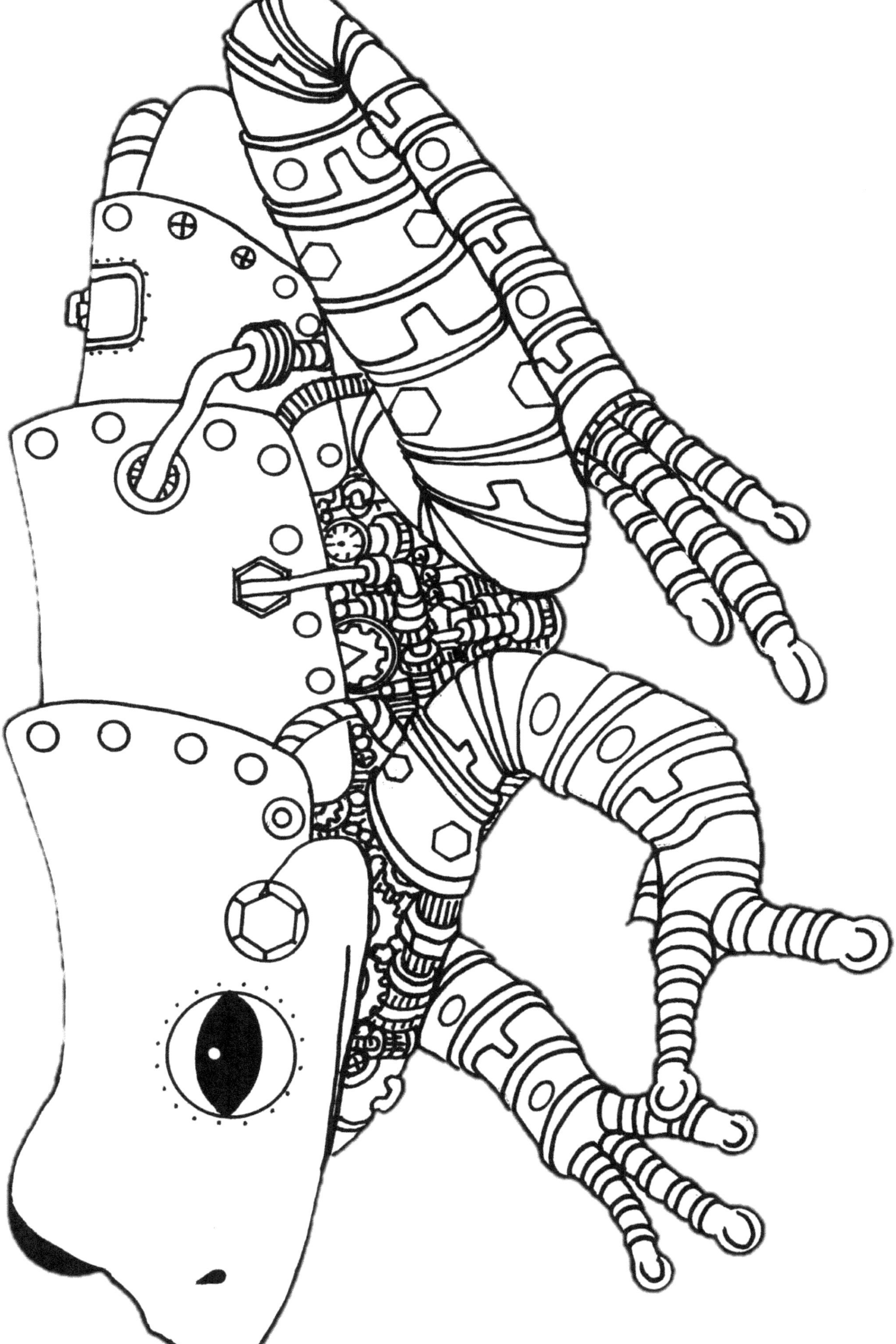

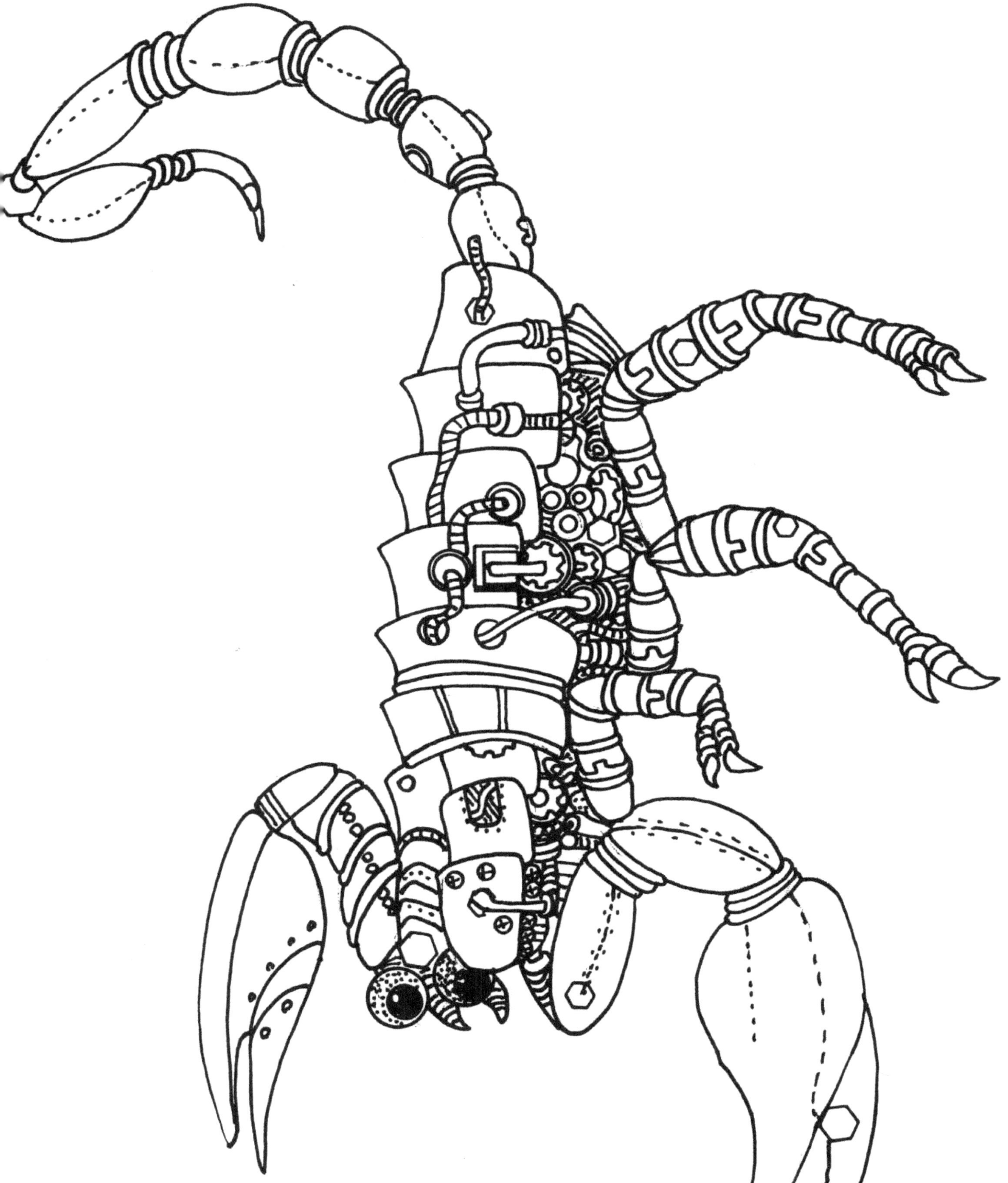

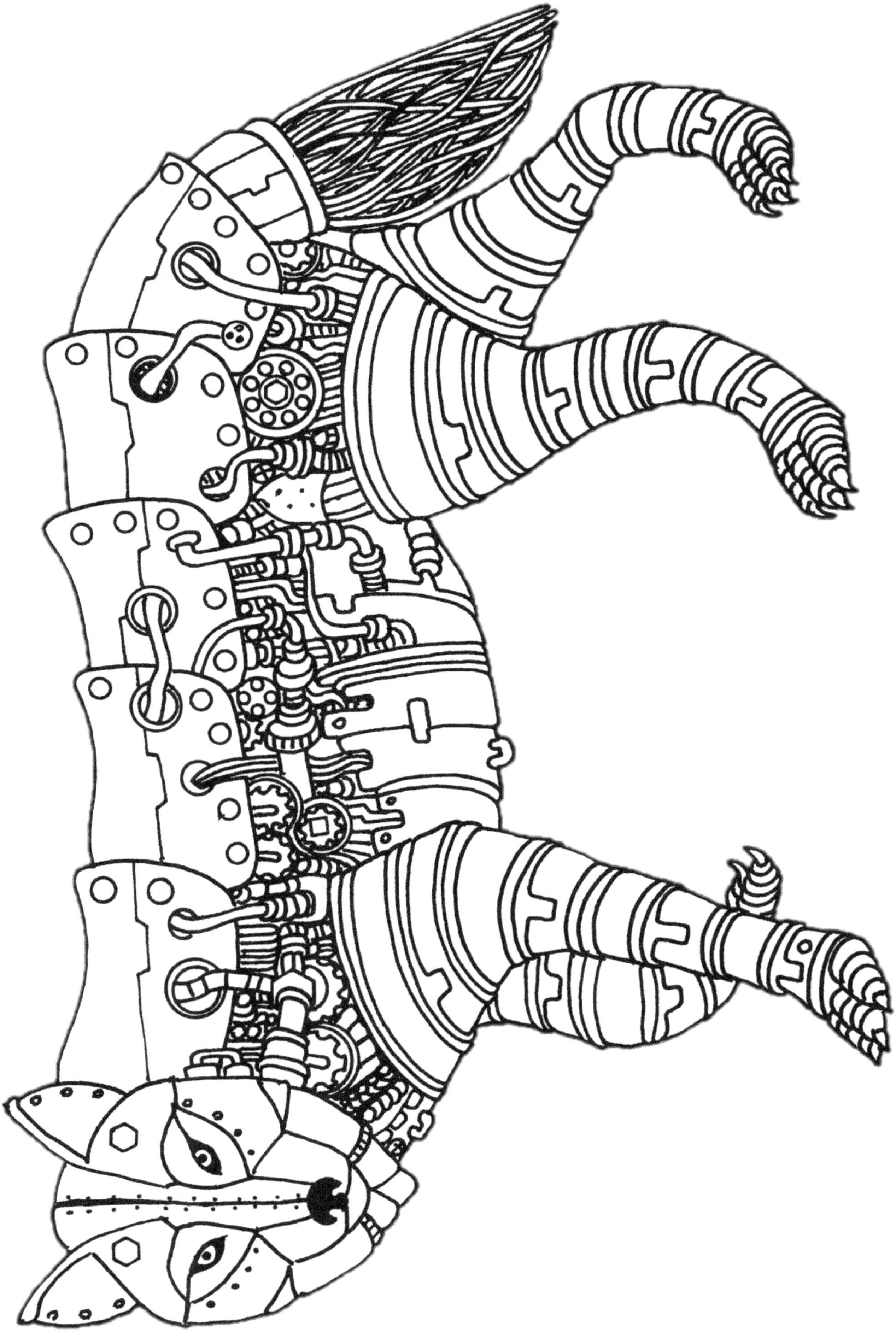

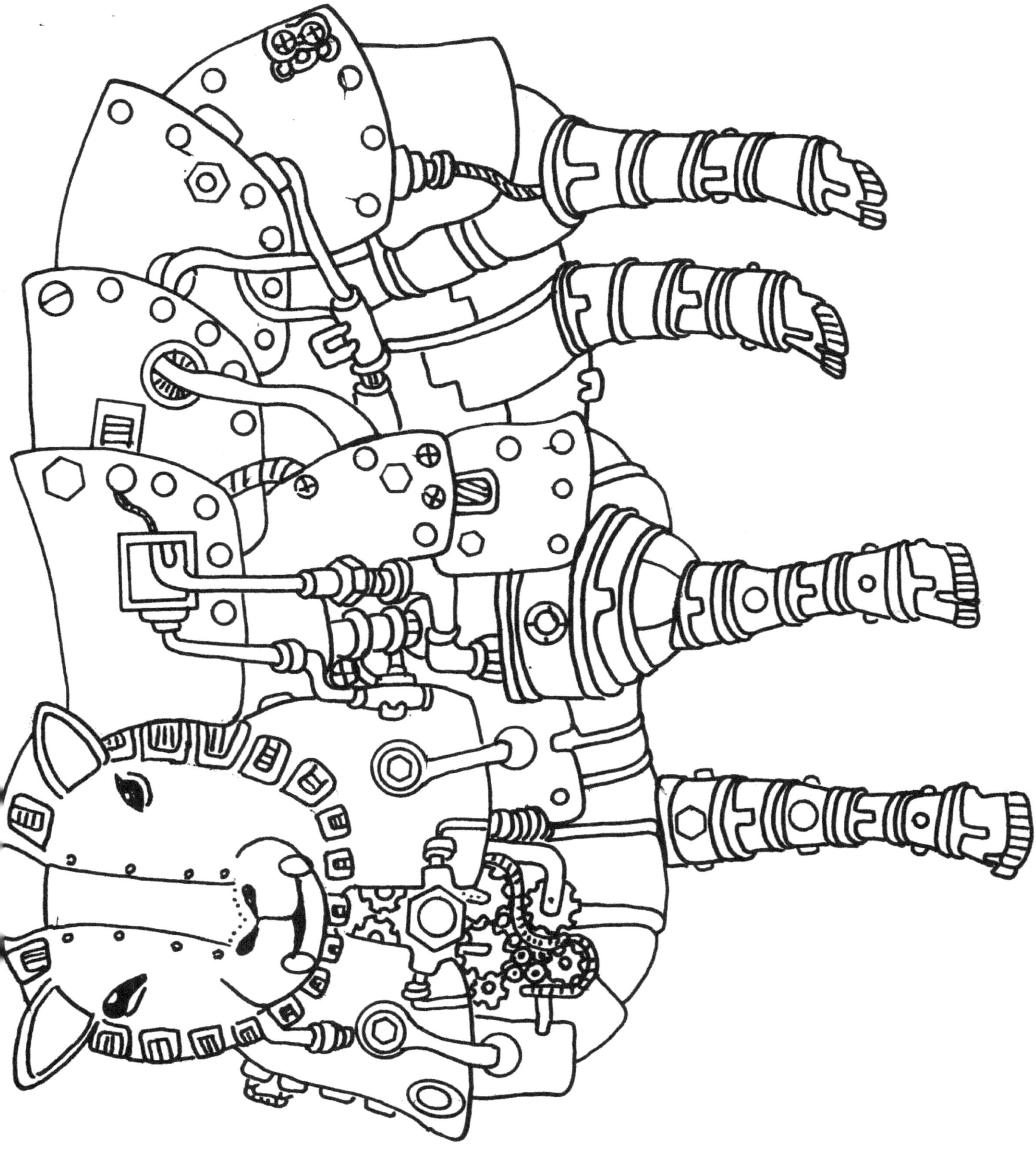

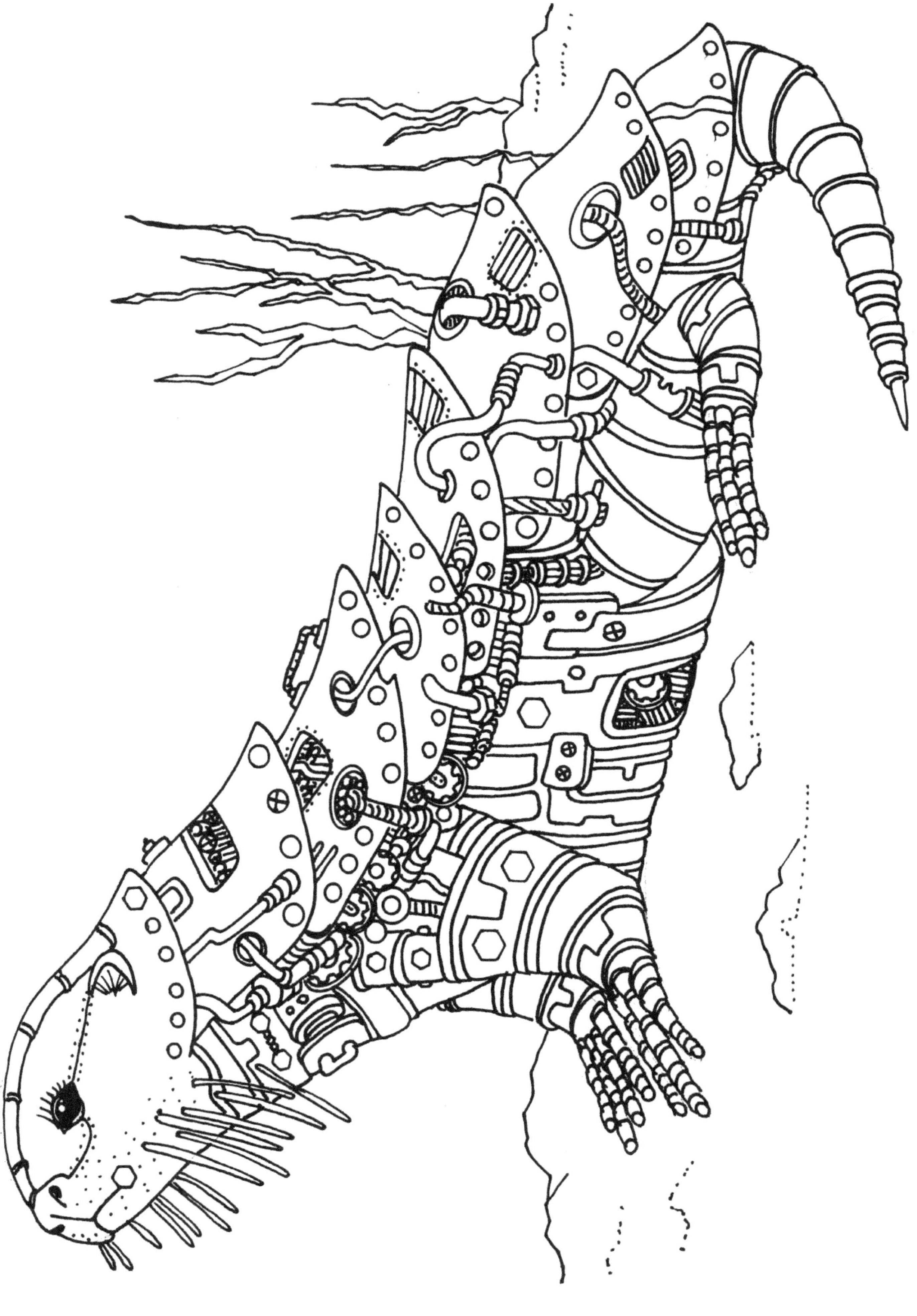

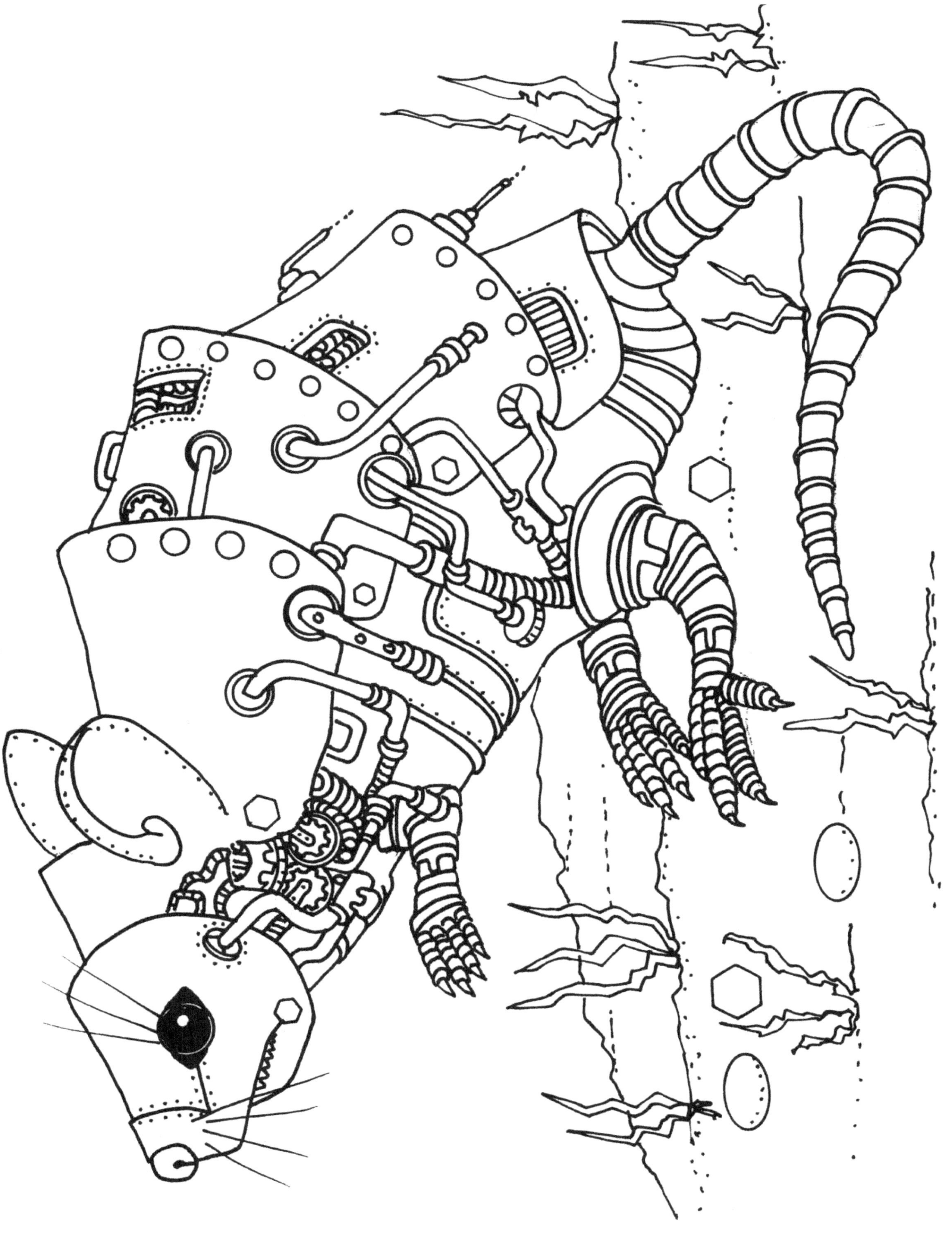

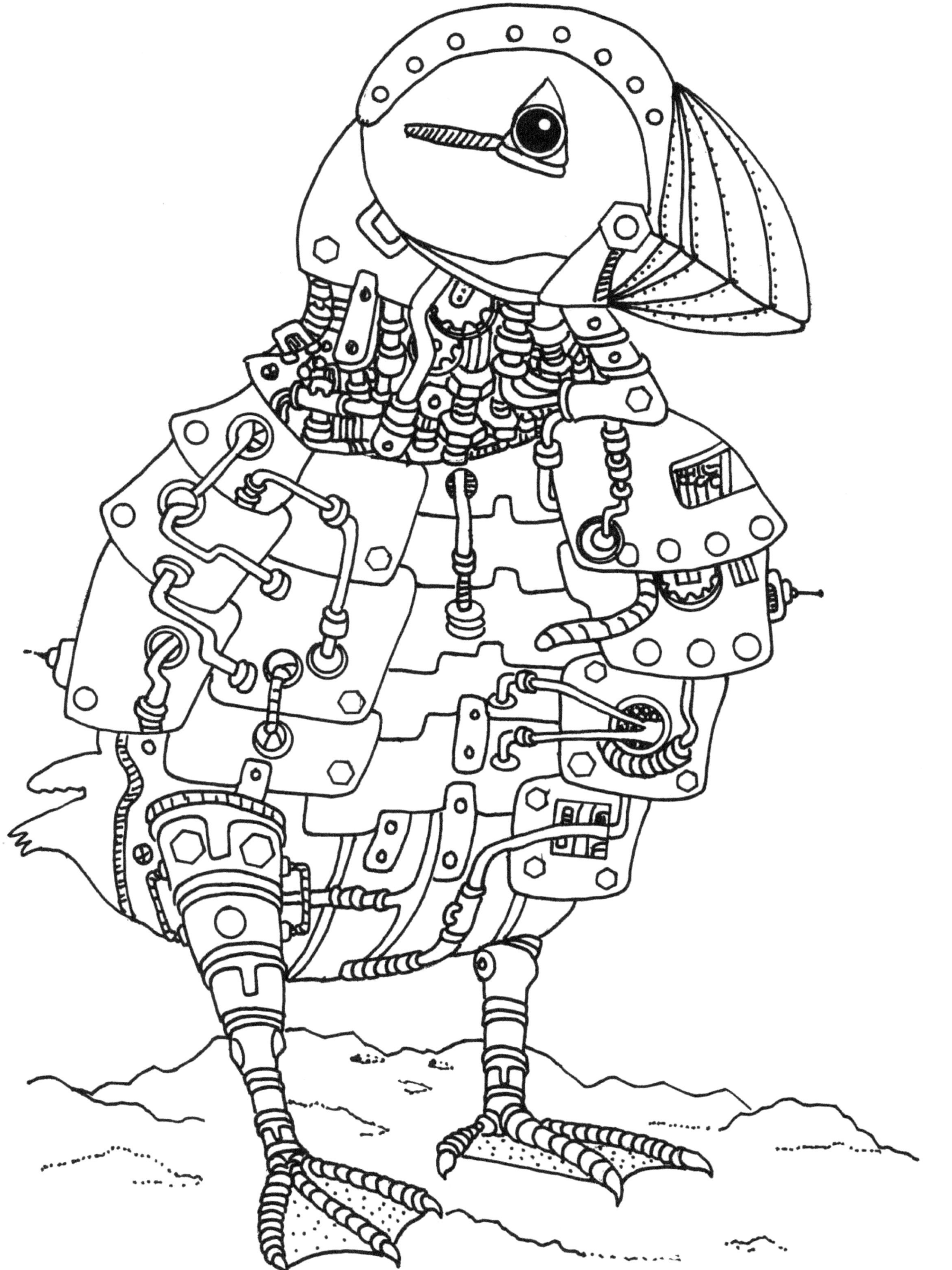

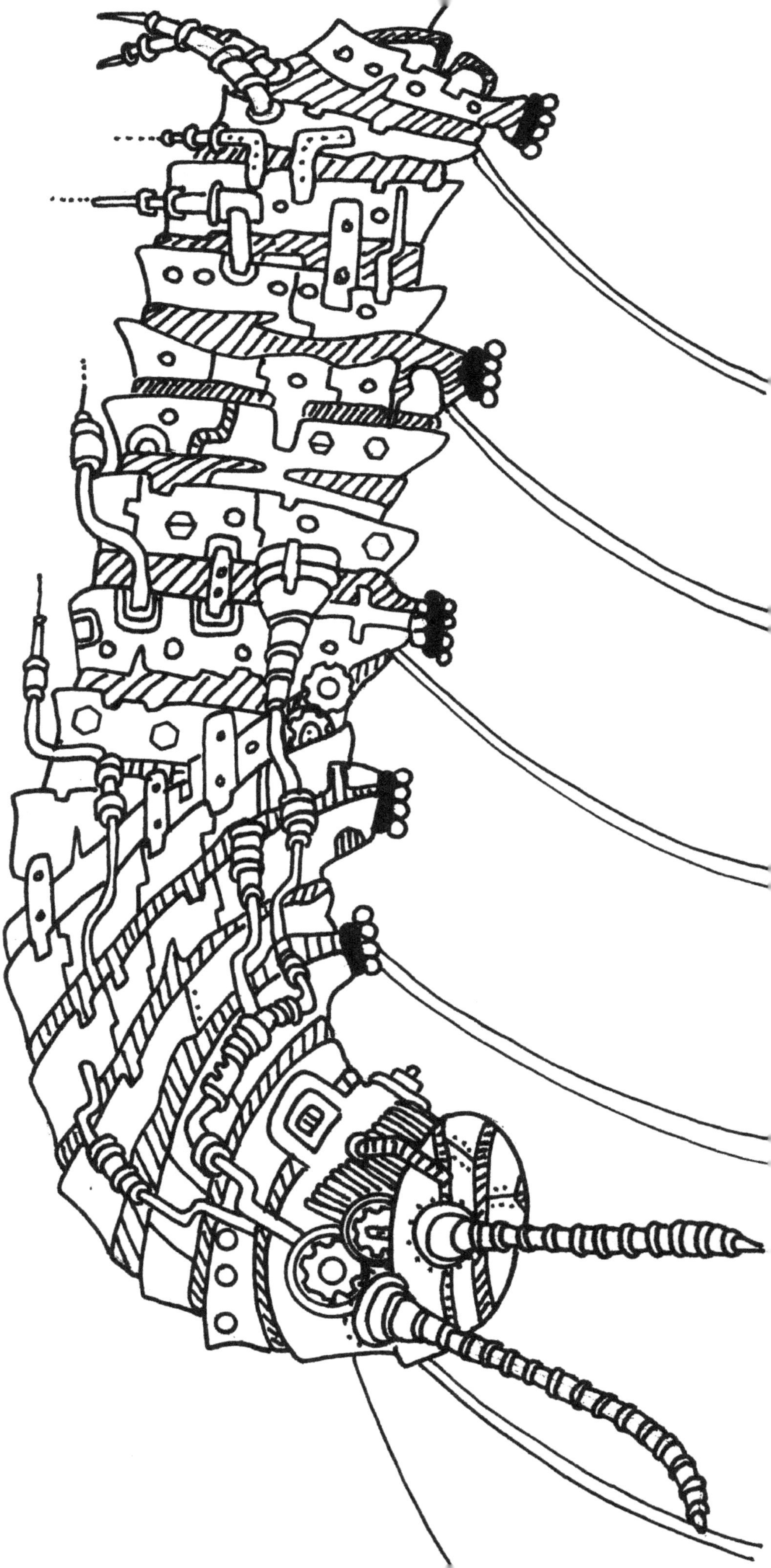

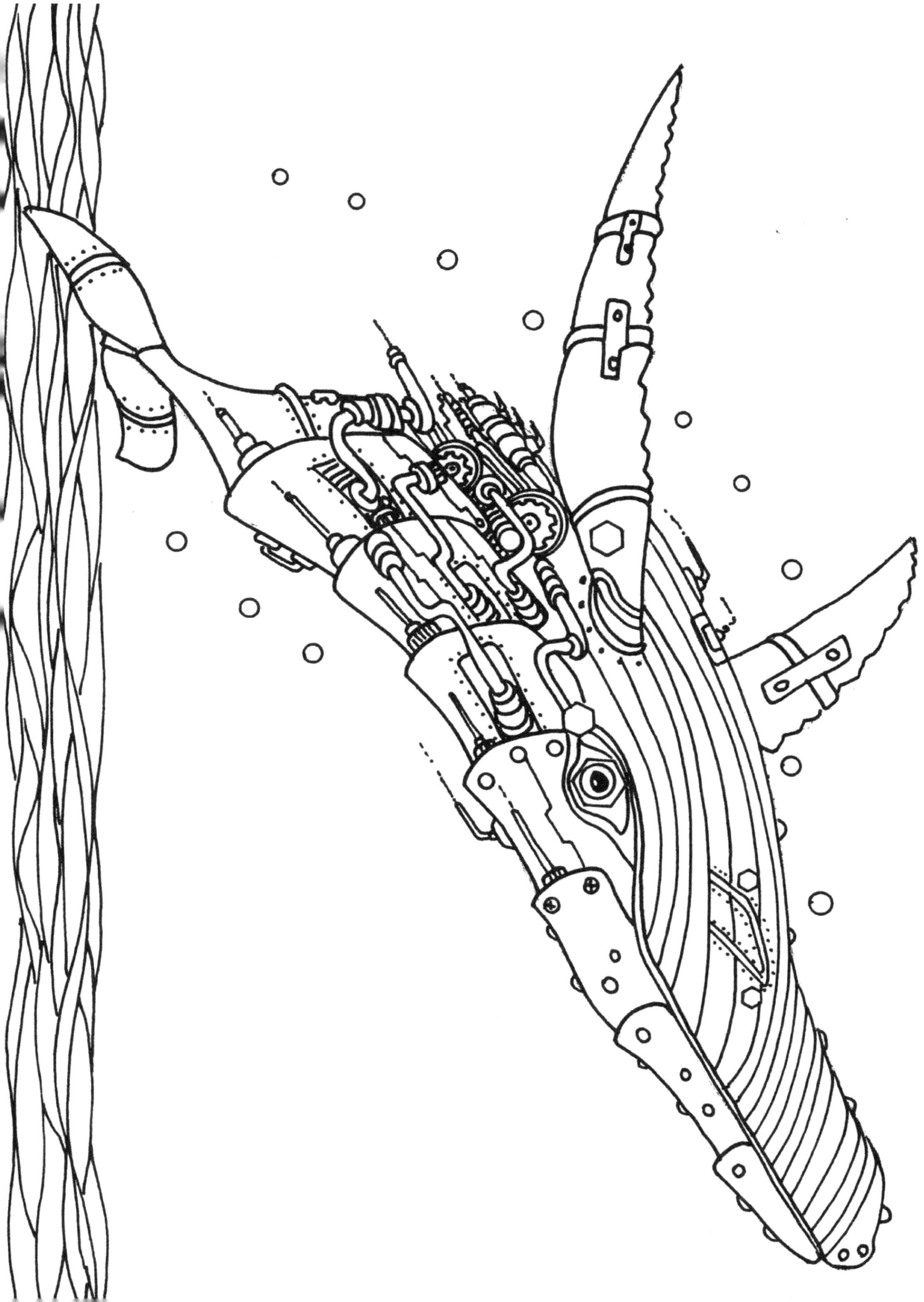

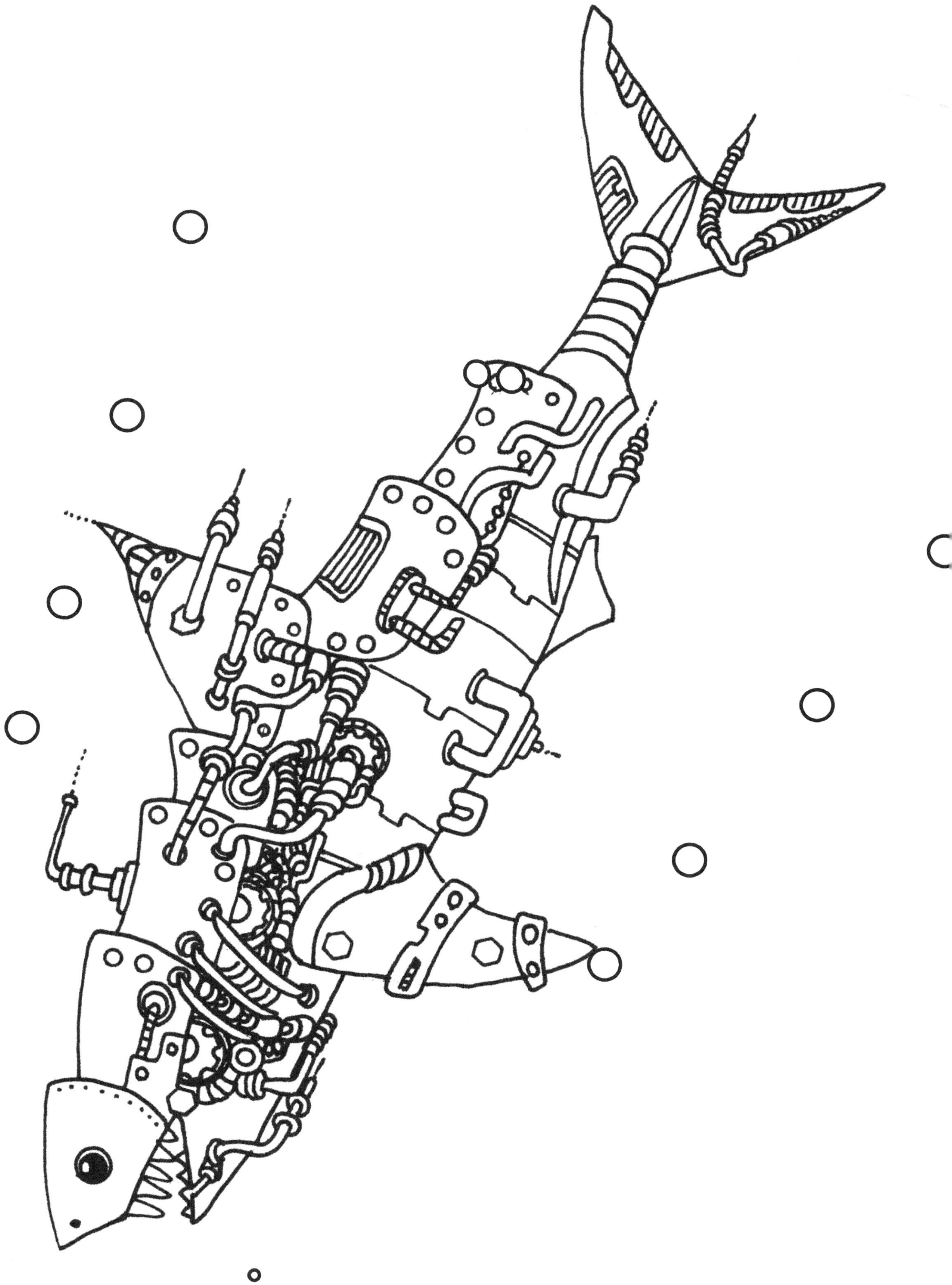

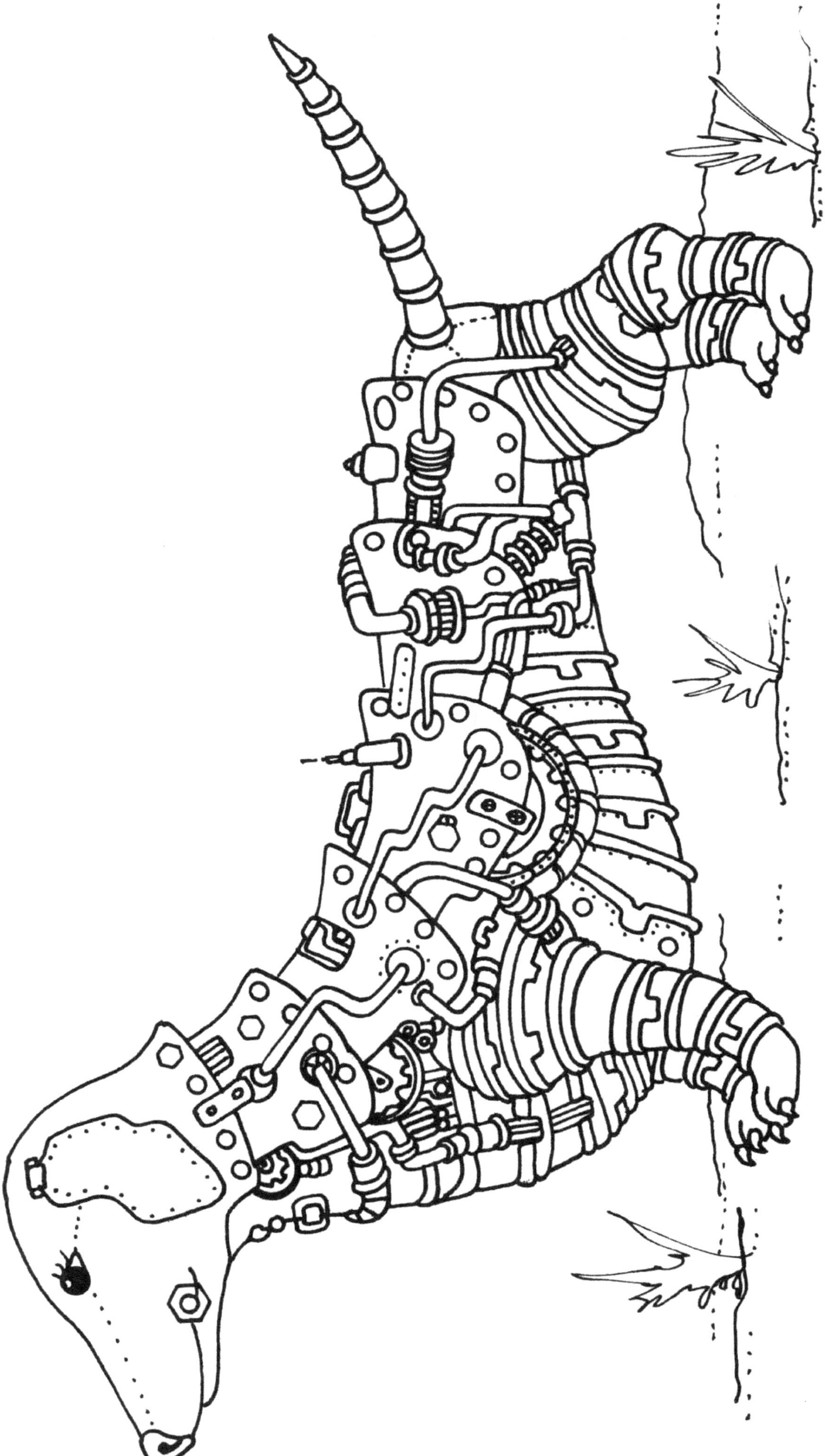

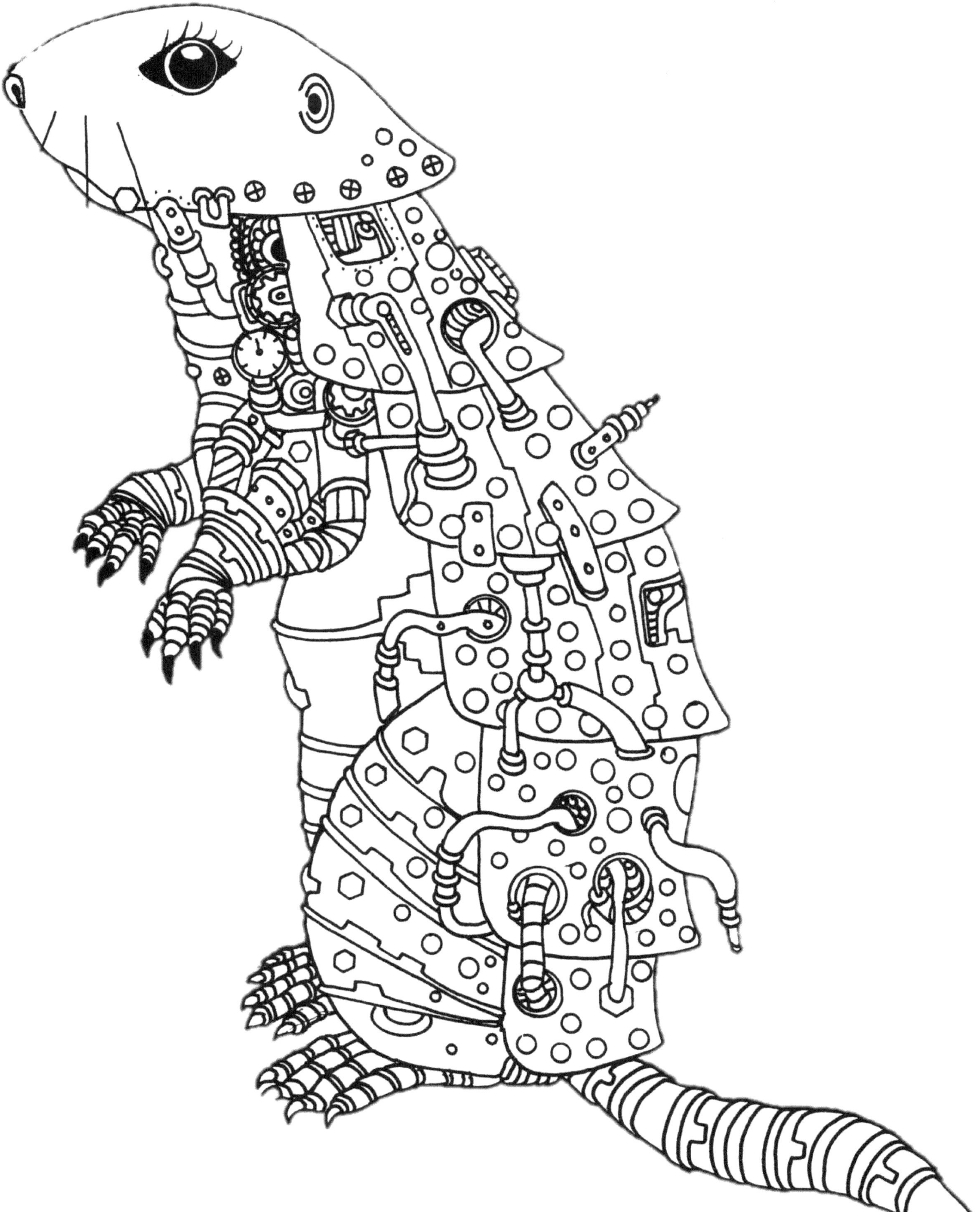

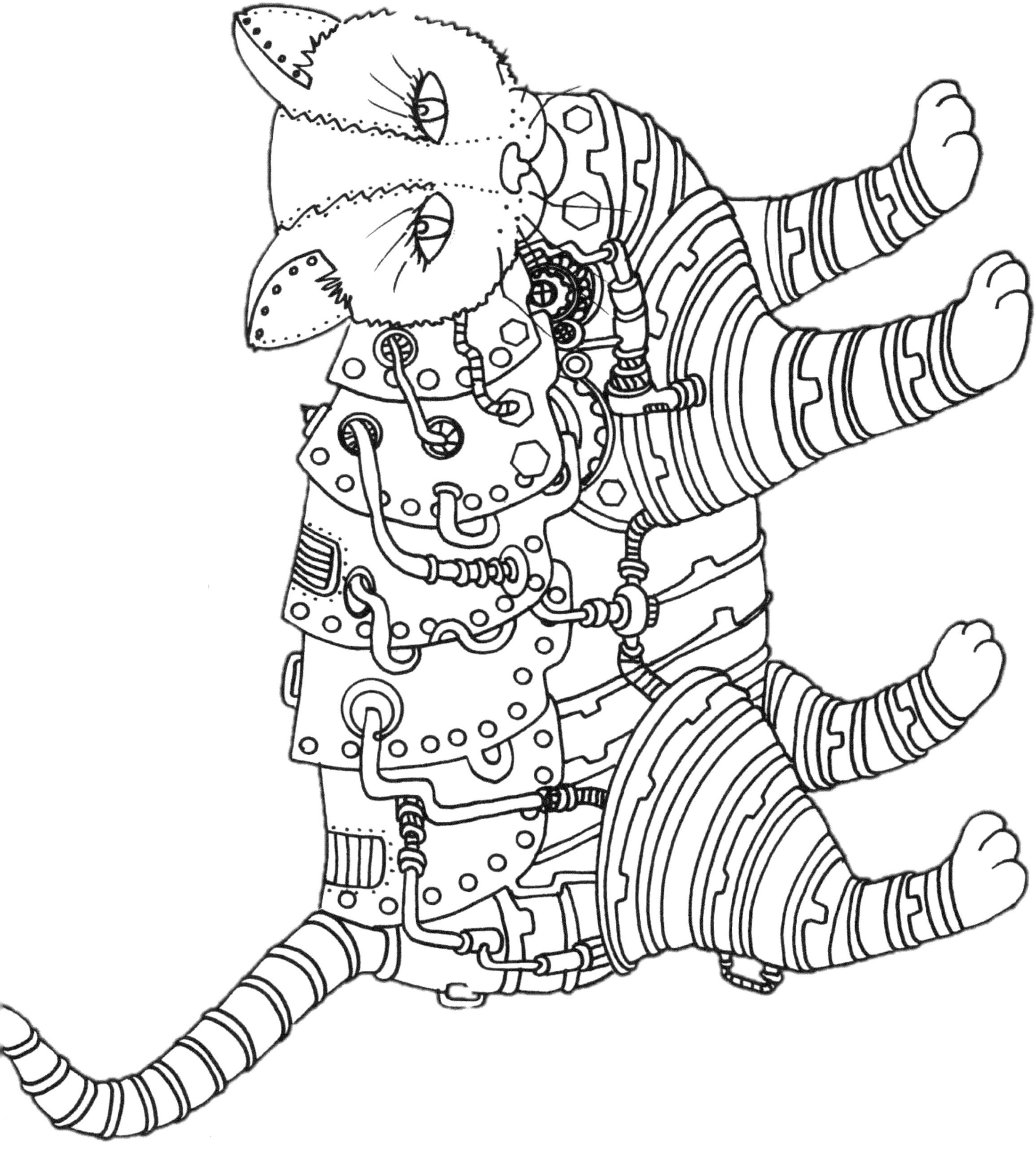

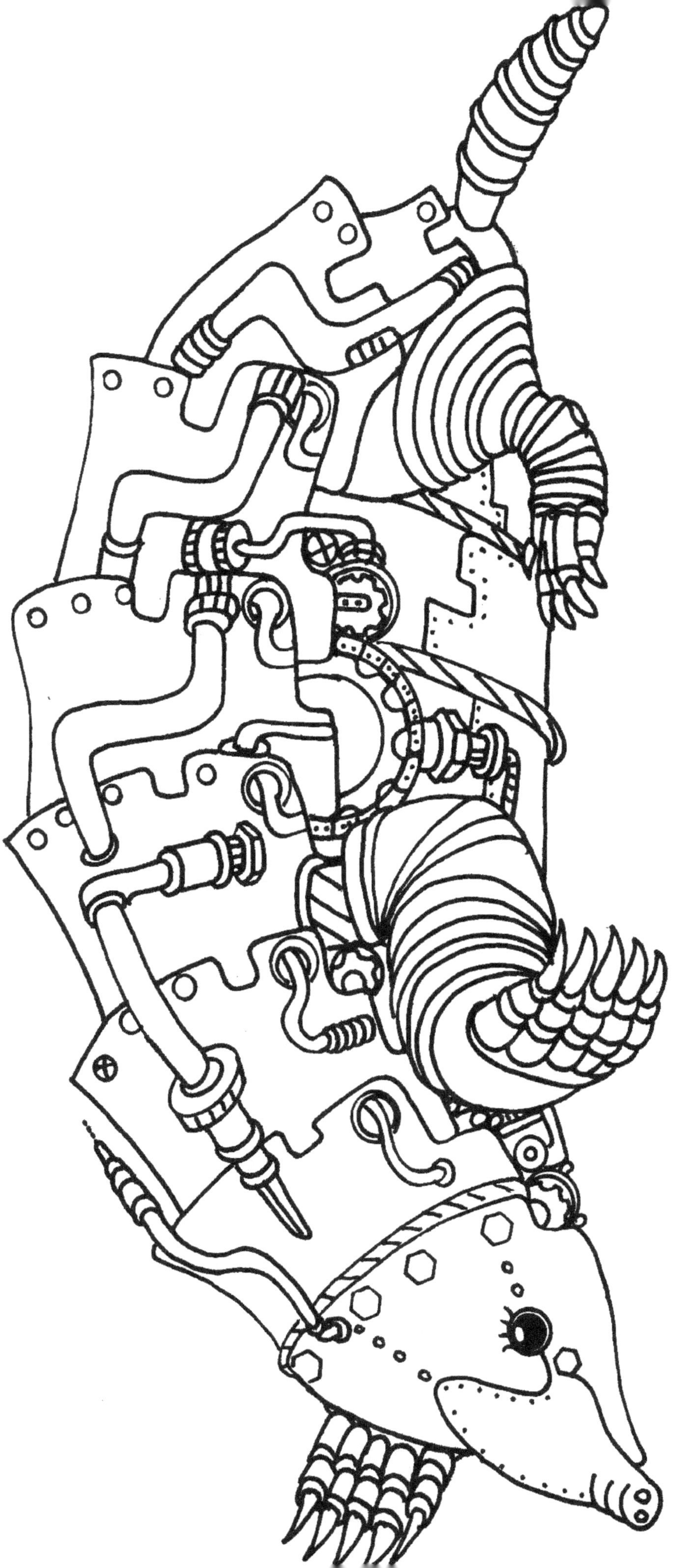

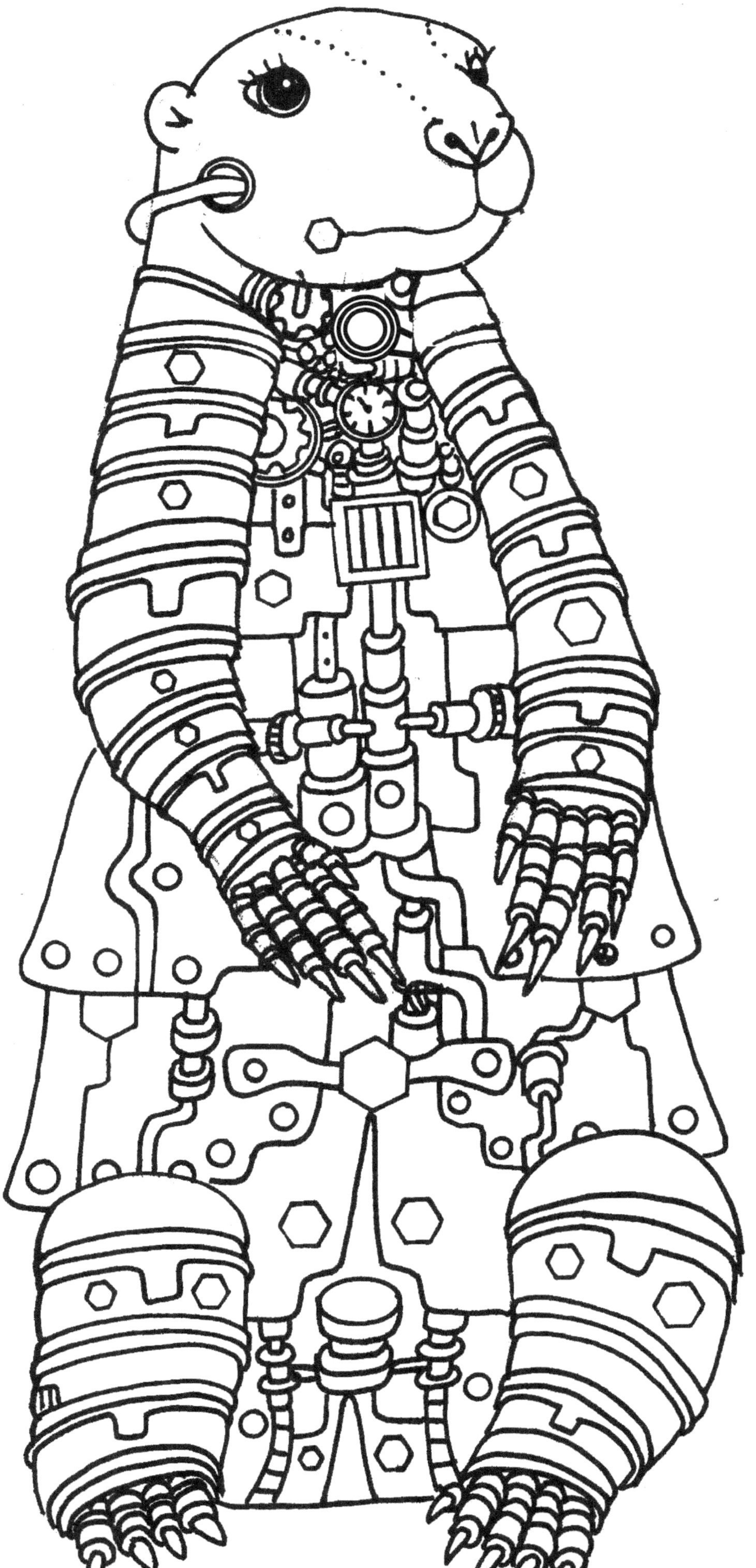

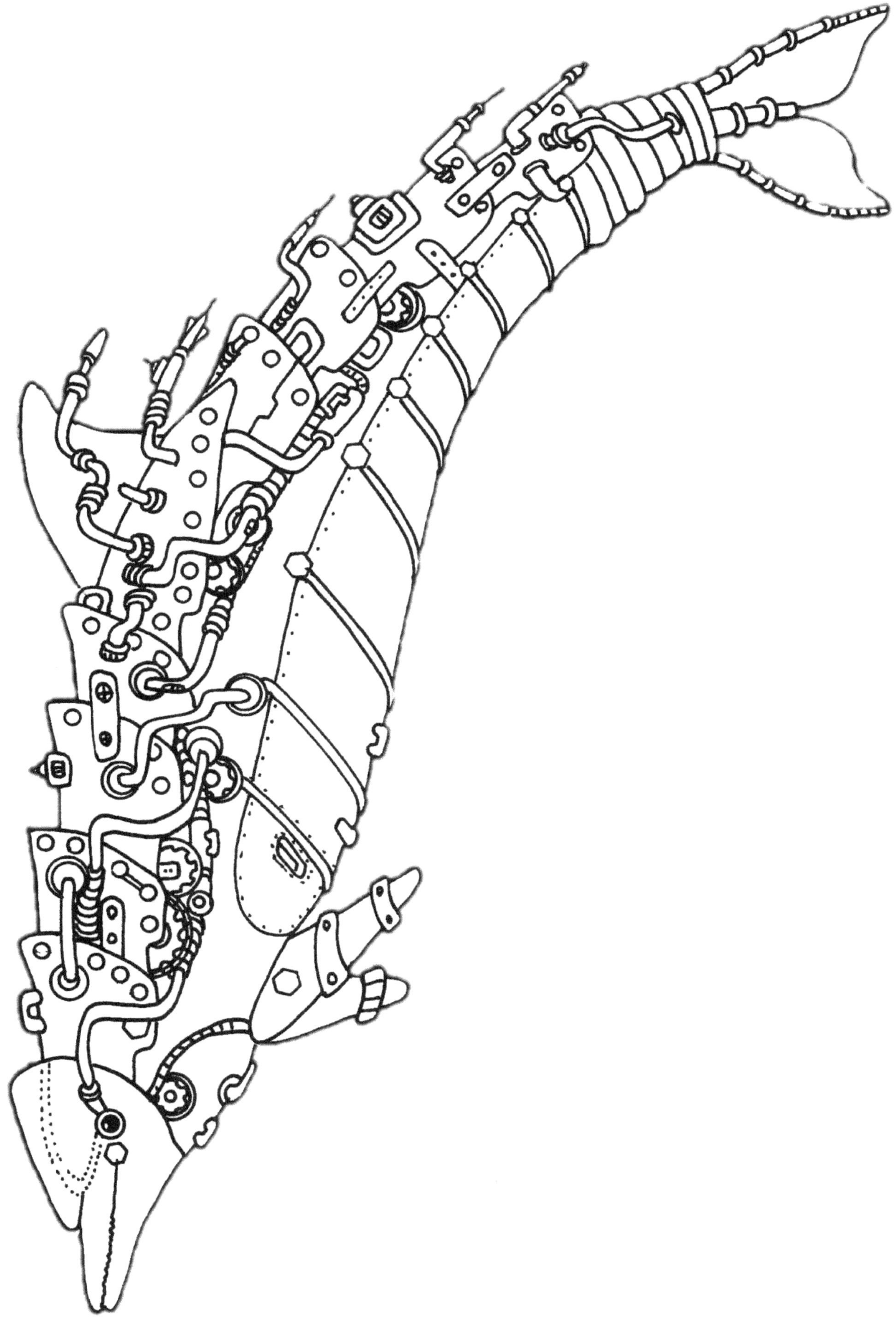

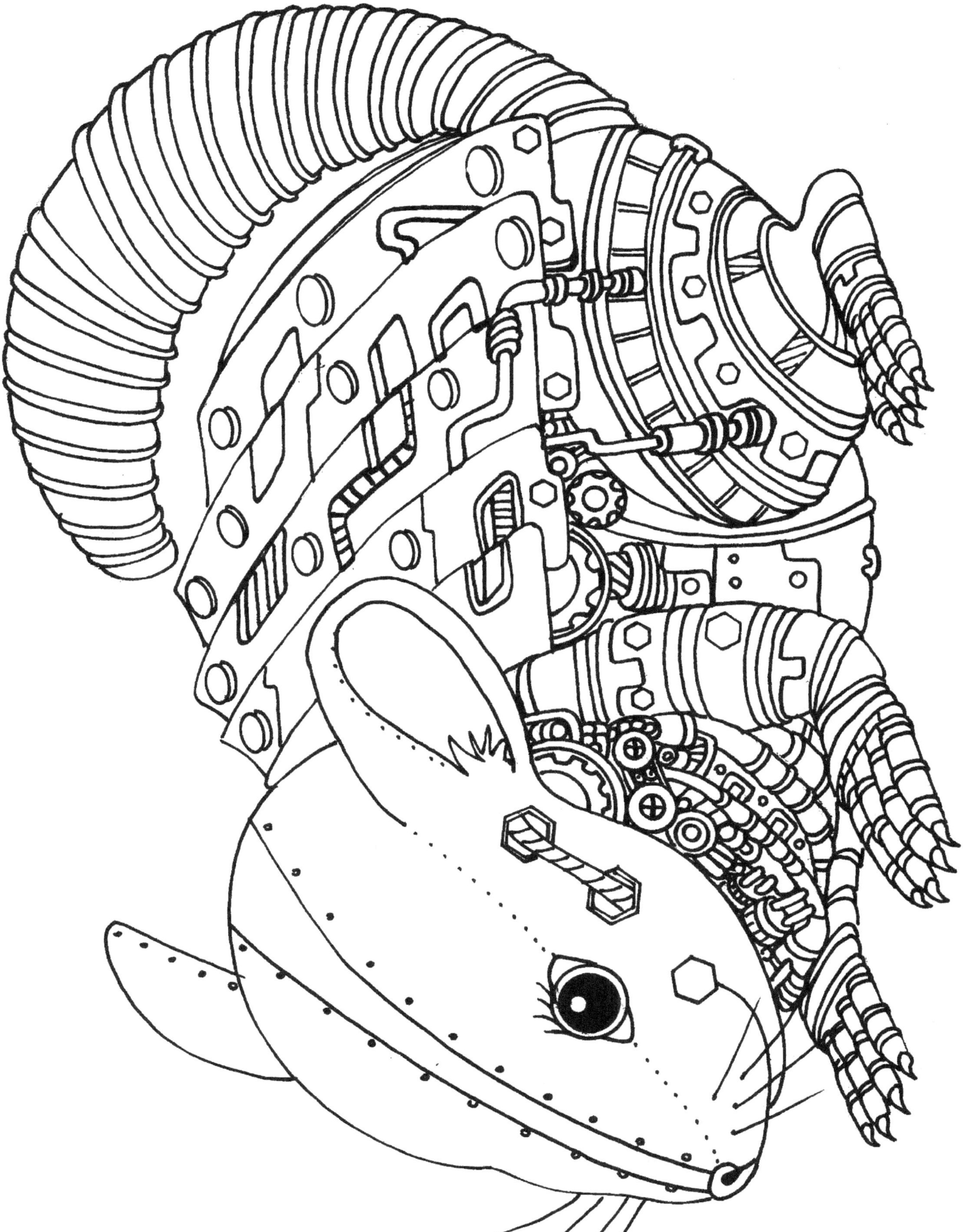

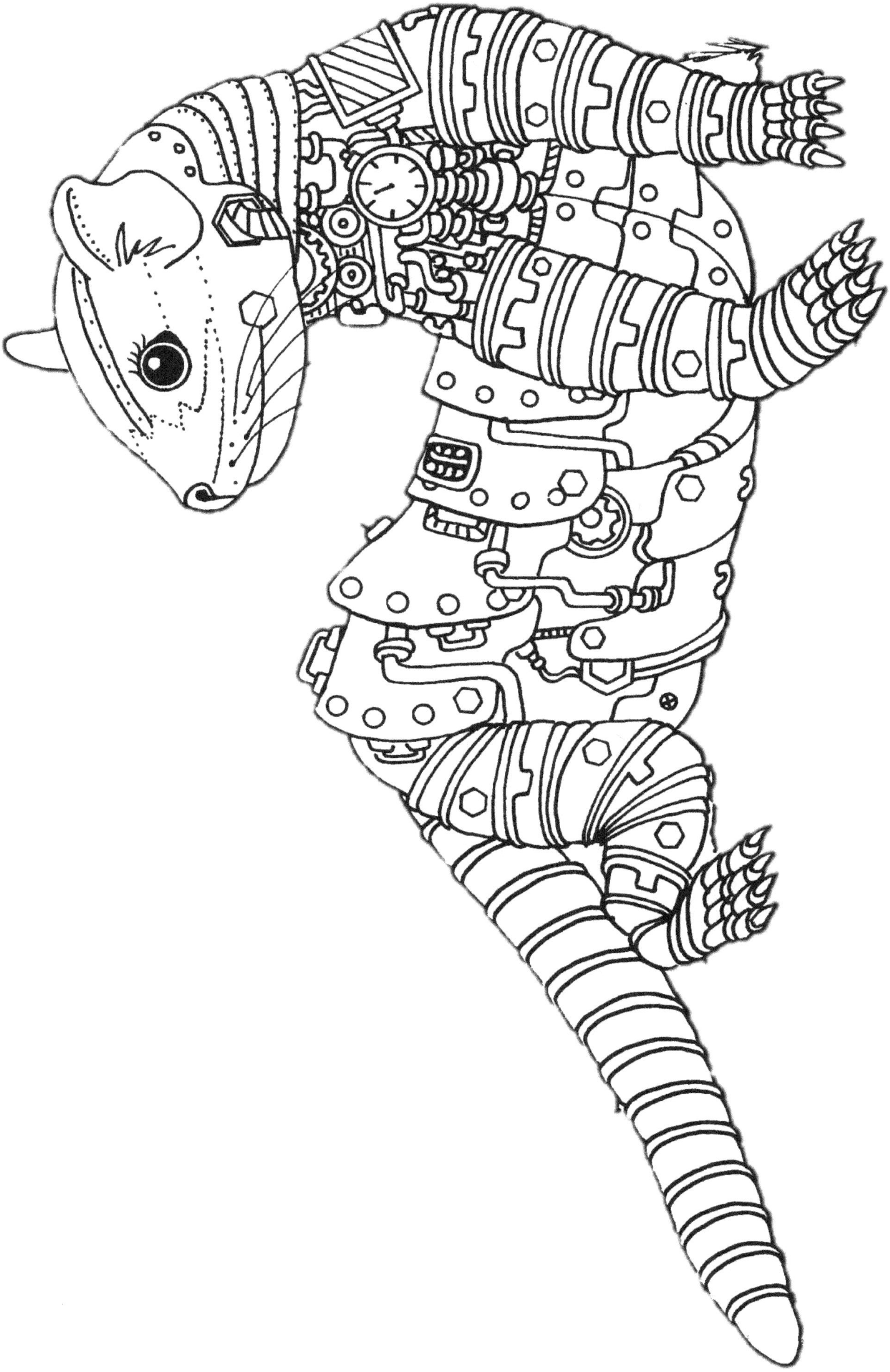

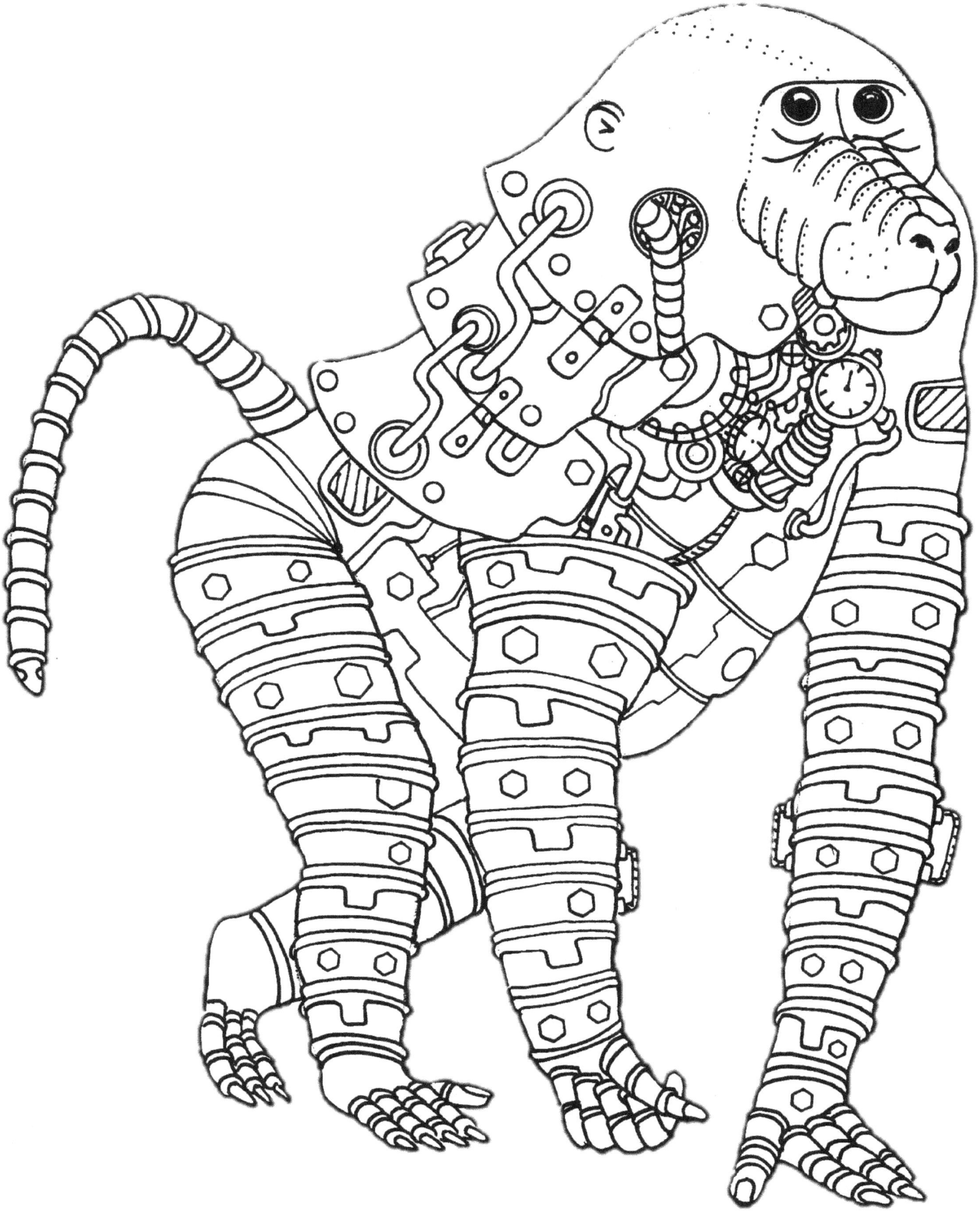

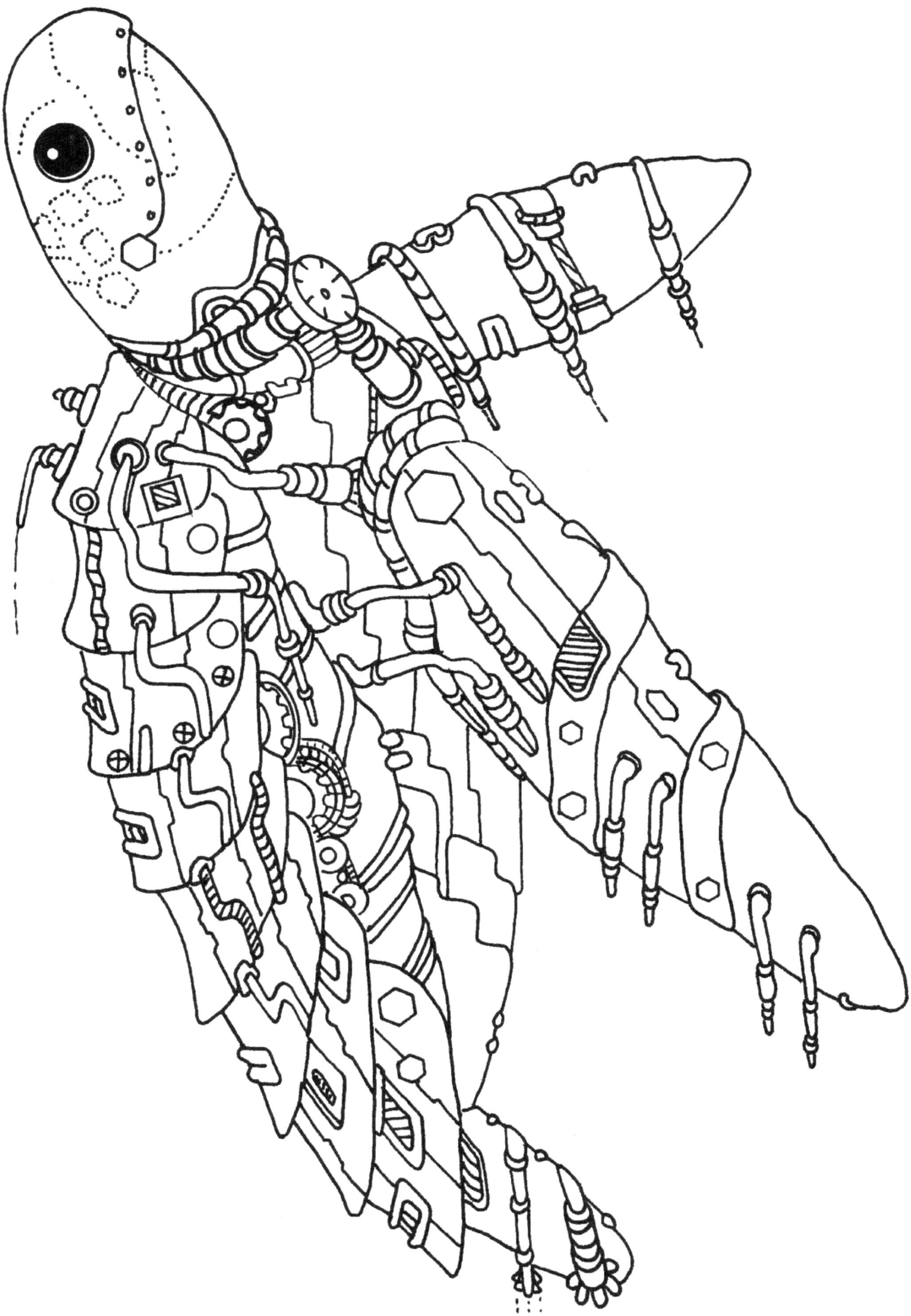

www.ingramcontent.com/pod-product-compliance
Lightning Source LLC
Chambersburg PA
CBHW060006230526
45472CB00008B/1974
* 9 7 8 1 7 1 8 8 5 6 5 4 7 *